DE TODO UN POCO
UN POCO
MICRORELATOS

DE TODO UN POCO

MICRORELATOS

EDUARDO LÓPEZ PASCUAL

PR Ediciones

Copyright © Eduardo López Pascual 2013
Diseño de la portada: PR-Ediciones.
Maquetación: PR-Ediciones.
PR-Ediciones
www.prediciones.net
Madrid (España)
ISBN: 978-84-15502-66-1

Índice

PALABRAS

El hombre moreno, seco como un esparto, apareció en el jardín de la casa a las siete de la mañana. Sabía la hora porque todos los días, en ese mismo instante, se oía el motor de un coche que arrancaba ruidoso y con tono destartalado calle abajo, tocaba su claxon dos o tres veces, como si fuera una señal de despedida, y sin preocuparse de si su inoportuna decisión molestaba al anciano del piso de al lado, o de la pobre mujer que, agotada, se echaría sobre la cama luego de una noche entera de vigilia en el hospital del barrio trataba de dormir, apretaba la bocina. El hombre del jardín, quizá nunca pensó en estas situaciones rutinarias, casi prosaicas, que algunos teníamos como costumbre y que al parecer, no se daba cuenta de la realidad de aquella mañana que por sorpresa había penetrado en nuestra propiedad. Yo me había acercado a la ventana del dormitorio que daba al patio y me di cuenta de su quietud, de su abandono, de su actitud inerte y extraña. Me dirigí a él con una voz aguardentosa, que acaso ni yo mimo la reconocía,; le grité incluso, y tardé unos segundos en lograr su atención.. Le grité varias veces y solo hubo el silencio. ¿No había nadie?. ¿Quién eres?, pregunté un tanto irritado. Nada ocurría :todo rezumaba olor de flor y silencio. y me retiré hacia el interior. Entonces, escuché su palabra, que era melodiosa, que era, levísima. Miró hacia arriba y dijo: soy poeta. Y se marchó.

FUERA

Había recibido la orden de modo agresivo y fulminante. ¡Fuera! Sin duda era una palabra pronunciada con resentimiento, quizás hasta con odio, aunque el joven muchacho de piel tan clara que más parecía un descendiente nórdico que de familiares del sur andaluz, no sabía muy bien la razón de tan exasperado mandato. Estaba claro de que no se trataba de una recomendación, y tampoco de una regañina por alguna obra mal hecha, por algún desliz inoportuno, o por una desobediencia torpe y manifiesta. Había recibido la voz imperativa con cierta inquietud, esa sensación que se tiene cuando no se sabe muy bien que razones hay, todavía existen gentes que te expulsan, te discriminan, a pesar de mil juramentos de respeto y convivencias dados. ¡Fuera¡. Eso nunca podría ser señal de amistad, de comprensión y solidaridad, por muchos discursos que se dieran en los grupos que se llamaban tolerantes. El muchacho, quiso saber por quién y porqué se permitía el poder de echar a nadie, pero no conocía ningún argumento, al menos conveniente, para mostrarle su rechazo y él, claro, precisaba una lógica explicación de tan injusta medida y lo cierto es que no lo entendía; al final, y tras pensarlo mucho, recordó una conversación en la que se habló de temas tan importantes como la vida, el más allá, la conciencia y el alma En esto pudo entender el motivo de su expulsión, había tenido la osadía de manifestar su solidaridad con Juan, un hombre ya mayor, que había denunciado el derribo de un monumento dedicado a Leopoldo Panero, donde se podía leer este verso maravilloso " Estoy solo, Señor. Respiro a ciegas el olor virginal de Tu palabra", Prácticamente, fue desterrado.

NÚMEROS

La luz de amanecer entró por la ventana y rompió el sueño de manera inmediata. Abrió los ojos, con un ligero toque encima sus párpados y entonces, sobre la pared frente a la ventana, pudo leer el aviso que con letras enormes aparecían dibujadas, le anunciaban un día irreversible en el inmediato tiempo que vendría después. Él estuvo pensando, a raíz de su lectura, qué sería lo que de manera tan misteriosa le auguraba aquella breve frase que, pintada de color muy rojo, había escrita en su habitación como una especie de profecía sin razón y sin sentido. Eran solo tres o cuatro palabras que, en verdad, no significaban demasiado pero que aun cuando no las comprendiera, inspiraban un futuro incierto, esotérico, y tal vez muy peligroso en su vida. Se restregó los ojos con unas manos que le supieron a extrañas, sudorosas, que el achacó a un temor sobrevenido del que no sabía muy bien su razón y su causa, y que no obstante lo embargaba internamente hasta la inacción más absoluta; apenas leía ya las palabras escritas, y al final, una cifra, un número que el memorizaba de otra parte y que, de algún modo, había permanecido soterrado en su memoria. 2012, dos mil doce. Y luego tres palabras:¿Te has preparado? Bueno,en realidad no sabía responder a esa pregunta, tal vez hecha por su mujer, que siempre andaba entretenida en profecías y magos, y que le contaba de cuando en cuando leyendas de un misterioso tsunami, de algún violento espasmo del planeta, de cualquier texto antiguo que hablaba de desastres y de diluvios, nada extraño por otra parte en esta época de huracanes sociales y políticos. No sé, se dijo el hombre todavía no muy despierto. Seguramente solo es una broma de familia. Así que se despejó del todo, se aseo y vistió la ropa de los grandes días; antes de salir, se fijó en el pequeño calendario puesto al lado del espejo, y vio marcado con un color fuerte la fecha de hoy... Había ,dibujado, un círculo alrededor del día; era el doce del doce de dos mil doce. Abajo, en caracteres mayas, sed leía: ¿Estás preparado? Hoy, años después, se dio cuenta de que todo era una farsa. Aunque eso sí, muchos ingenuos por no decir tontos, vivieron desesperados.

LA BUSCA

Salió temprano de su casa en busca de ayuda. Lo había pensado durante toda la semana anterior y estaba dispuesto a todo; es verdad, y lo reconoció sin reservas algunas, que tuvo varios momentos muy comprometidos en donde acosar al inquilino vecino, forzar un escaparate o timar al primero que le pudiera delante, entraba dentro de sus opciones.. Para él quedaba claro que no había otra salida más efectiva que intentarlo, al menos haría todo lo que hubiera de su parte para que la situación no fuera a más. Necesitaba vencer un camino difícil, ganar la otra orilla donde brillaba otro sol y otra conciencia. Atrás dejaría convicciones, principios, y aquellas normas por las que durante tanto tiempo convivió en paz y armonía. Pero todo había cambiado y ahora estaba solo, en ese tránsito vital en donde nada importaba sino encontrar lo que era ético, aquello que justificaba una existencia prometida, es verdad, a través de todos los actos realizados independientemente por demasiados nombres sin humanidad. Ahora iría de lugar en lugar, de calle en calle, a la busca de su propia dignidad, y para ello volaría por encima de todos y de todo. Se jugaba su íntima condición de hombre, quería y pedía lo mínimo posible en un mundo tan mentiroso, buscar única moral posible.. Habían cerrado la puerta de su casa, para no poder regresar.

FLORES

Todos los días, a las seis de la madrugada, Dani se levantaba y luego de los rituales personales, el aseo, un par de tostadas y un café, salía a la calle con una misión asumida desde hace tres años, justo cuando recaló en esa zona, cuando tuvo que trasladar su domicilio del barrio de Los Hierros, en pleno bosque de rascacielos urbanos, hasta una especie de masía o de casa aislada, ubicada en un extra radio de la ciudad, donde solo destacaba las oxidadas estructuras de unas casas absolutamente abandonadas. Vivía en una de ellas, rodeada por completo por un mar de asfalto, las aceras venían formadas por pasillos de adoquines que no dejaban la menor fisura entre ellos, y todo alrededor parecía dominado por una obra artificial, árida y seca como las piedras de desierto. Dani, se encontraba perdido en aquel espacio de edificios y calles, evitando cualquier ocasión de tropezar, o mejor dicho, de encontrar- como cada mañana lo intentaba-, un lugar por pequeño que fuera, capaz de ofrecer una pura esencia natural. Agobiado por los muros infranqueables, aplastado por el mobiliario metálico de las calles, entumecido por el tráfago ruidoso y asfixiante de las gentes y las piedras, necesitaba con urgencia su aroma, sentir un húmedo verde, mirar el tesoro y su sazón, pero después de tantos años en esa porfía, todavía no había podido cumplir su deseo más íntimo. A pesar de sus esfuerzos, de su empecinada ilusión, y aun a costa de robar tiempo al tiempo y descanso a su fatiga, nunca pudo localizar un sitio donde estuviera. A un lado y a otro, no veía más que paredes y muros, cristal y cemento, y sin embargo lo que él quería, no aparecía nuca. Era algo que necesitaba, no era mucho, pero una modernidad mal entendida, prohibía su existencia, negaba su presencia Buscaba simplemente una flor.

EMPLEO

De pronto se vio en la calle y, como dicen en el pueblo o eso aseguran, sin comerlo ni beberlo. Cuando le dieron la noticias, él se sintió absolutamente sorprendido porque como un responsable trabajador que se sentía, procuraba estar al corriente de los datos de la empresa, la cuentas y al menos, el estado general del negocio con los números más importantes. "Tenemos que racionalizar los recursos humanos" – le dijeron, y esa fue toda la explicación que recibió en todo el proceso de sus despedida en la empresa. Claro que él intentó por todos los medios normalmente3 establecidos, que le explicaran cómo, si las cuentas estaban en positivo, y lo sabía muy bien porque formaba parte del Comité de trabajadores aunque, a decir verdad, no afecto a ninguno de los grandes sindicatos, podían echarle así como así, sin más razones que los veinte días de indemnización señalados en la nueva Ley aprobada por los conservadores de cualquier lugar, por los mismos in- solidarios de siempre.. Quiso hablar con los responsables de la fábrica, solicitó reunirse con el principal accionista, dialogar, con sus mismos compañeros del Comité, a fin de evitar su despido, pero nadie le daba explicaciones; todo era mutismo y caras de resignación o de complicidad.. El se fue al despacho del director, como última razón, pero no encontró a nadie; al salir vio una carpeta encima de la mesa, y leyó su nombre en la tapa.: "Rufino" Una carpeta preciosa, moderna, funcional, y la abrió en un gesto de simple curiosidad. Dentro, en una hoja en blanco pudo leer: "Rufino de Ángel Pascual, obrero, sin sindicato; no tiene cabida en la empresa."

DINERO

Cuando esa tarde, Javier, el cartero de la pequeña aldea de Mon recogió el dinero de la oficina de Apuestas del Estado, no tenía las ideas muy claras del destino que tendría aquella pequeña fortuna; más de quince mil euros en aquellos días, de auténtica crisis, no la que se escribía en los periódicos sino en la que vivía en su propia casa, era algo que jamás hubiera pasado por su imaginación. Pero allí estaba, de pie y en su mano un inesperado paquete de dinero que, es verdad, lo había dejado anonadado. Por un breve espacio de tiempo pensó en mil utilidades distintas, desde regalar una parte importante a su madre, comprarse un ordenador (aunque no era nada amigo de estos artefactos), hasta liarse la manta a la cabeza y programar un viaje en barco, de esos que las navieras te ponen en la cabeza con tanta propaganda, o, para qué decir, publicar ese poemario ya antiguo que tenía sobre la mesa y que nadie se atrevería a editarlo. Recordó entonces, al poeta cartero de la huerta, ahora reconocido por todos, pero que pasó lo suyo, según cuentan, para ver negro sobre blanco sus versos. Pero no se detuvo demasiado tiempo en estas reflexiones, al fin y al cabo tampoco era un tesoro, así que saludó al lotero, dio media vuelta, y salió a la calle rumbo a casa. Iba sonriendo, cierto, cuando sin previo aviso tropezó con un paisano correctamente vestido, de aspecto limpio y ordenado que inmediatamente se disculpó del encontronazo. "Usted perdone"- dijo. Javier, no respondió nada y prosiguió su camino. Al llegar a casa,buscó el dinero. No estaba; y entonces recordó del hombre con quién tropezó en la calle.¿Le había robado?. Javier no tuvo ya problemas en el destino del dinero.

UNA DEUDA

Desde que la vio, inmóvil en la plaza, no trató de hacer otra cosa que procurar la forma de tenerla entre sus manos; la había encontrado tan distinta a todo lo que él conocía, tan diferente a cualquier otra – ágil, elegante, serena en su imagen y en su materia-, que no podía penar en lo prosaico de la vida, en lo ordinario de estos alrededores, en la vulgaridad de las cosas. Esto que sentía era absolutamente nuevo y hasta desconocido y se pedía a si mismo, la necesidad urgente, emocional, que de manera instintiva, nada automatizada por ningún comportamiento artificioso, habría de tener para confesar su ánimo; iría por sitios y lugares insospechados si para estar juntos tuviera que ir sin condiciones; era una deuda que se prometió cumplir inmediatamente; tenía que correr tras su encuentro, verla muy cerca de sus ojos, y sentirse prisionero de una aventura acaso evanescente pero siempre imperecedera, eterna, donde quizá no supiera comportarse, ni que hablar, perdido ante su presencia, y sin embargo ocupaba el fondo de su corazón, de su alma que navega- se dio cuenta-, dominada por extraña belleza que le ofrecía. No sabía, y esto era cierto, quien era, o donde estuvo nunca, pero se notaba obligado a estar frente a frente y decirle solamente, en voz muy queda, casi sin oírse, la vieja e irreductible palabra de todas las generaciones que en el mundo han sido. Lo pensó mucho, dudó aún más, pero al final pudo cogerla en sus mano, y entonces, decir, ¡después de todo, has sobrevivido".Y lloró. Era la fotografía de su hija, aun sin nacer.

AVISOS

En el mismo momento de abrir la cata ya sospechó María el contenido de la misma, es decir, lo que vendría escrito. La verdad es que no le fue muy difícil al ver el logotipo del sobre que marcaba netamente su procedencia; no le hacía falta mirar en su interior, porque es soio hecho de estar allí, en sus manos, luego de recogerla del buzón familiar, no le cabían dudas de lo que sería. Desde luego nada que pudiera alegrarle el día, normalmente este tipo de misivas no entrañaba nada bueno, nada positivo, sino al contrario, el anuncio de algún oscuro destino, o el perverso mensaje de algo temido por esperado que fuera. María, la había tomado con recelo, como sabiendo los males que con toda probabilidad le llegaría a suceder; ya tenía idea de como serían estas cosas, cuando tan solo unos días antes, su amigo y vecino de calle, Román, le había comentado un aviso parecido al que ahora ella recibía ahora. Con Román, la cosa fue mucho más dura, porque los plazos eran muchos más cortos y la precariedad que exponía sería, claro esta, infinitamente más grave. El asunto la tenía acobardada, y aun sin empezar a leer la misiva, entendía que muchas de sus esperanzas se acabaron p0ara siempre. Solaba con mantener a capa y espada su biblioteca, aquel curto de estar donde dormían todos, el lugar usado para aguantar la televisión, el pasillo estrecho y largo donde colgaba una colección de cuadros familiares, una copia picassiana, una reproducción de un Velázquez, una colección de fotos en las que aparecías sus padres, sus hijos, incluso el hombre que estuvo con ella tantos años y desapareció un día gris y lluvioso, abandonado mujer, hijos y pertrechos. Era su casa. La misma que el escrito que recibió, exigía, con palabras automatizadas y amenazantes que solo tenía diez días para dejarla. No había excepciones, jamás se propuso solidaridad ni buena voluntad. La casa ya no era suya, y un banco le anunciaba un desahucio. No hizo falta, a la mañanas siguiente, María había muerto.

IDEAS

La verdad es que se sentía como un pez en la montaña. Sabía que él formaba parte de la excepción que en el mundo de las ideas se practicaba por todas partes. Lo sentía, cierto, pero tampoco iba a ceder de sus convicciones más íntimas. Naturalmente, él sabía muy bien que muchos de sus convecinos le demostraban rechazo y frialdad, cuando no perversa enemistad, pero estaba dispuesto a sufrir aquella discriminación porque sus ideas eran tan generosas como sinceras; Era consciente de que hoy, su aspiración como ciudadano, como miembros de una sociedad aparentemente normalizada, no tenía buena prensa, como se decía ahora, pero el ejemplo de otros, el sacrificio de muchos, avalaban una conducta que interpretaba necesaria, eso sí, siguiendo todos los pasos de una acción dentro de la moral y la ética más ortodoxa. El se veía solo en medio de una marea de pensamientos distintos; notaba quizá, hasta el recelo de tantos, pero que sin razón ni argumento alguno lo habían sitúan fuera del conocimiento ordinario, y aunque nunca se explicó la causa de aquel desprecio, continuó viviendo fiel a si mismo. Años más tarde, alguien comentaría: era lo lógico, al fin y al cabo leía a Jose Antonio.

CONVICCIONES

Todo el mundo le había aconsejado que no estuviera allí, que el propósito que tenía en mente no importaba demasiado porque, al y fin y al cabo, ser uno más entre diez mil participantes no tenía nada de extraordinario y el resultado tampoco iba a cambiar para rico o para pobre, para ser más poderoso o más débil, o incluso desviar su próximo futuro. No hace falta que vayas, le dijeron unos y otros, y no obstante el adujo – no tenía otra razón-, que de ninguna manera iría por cualquiera de esos argumentos que se exponían en las tertulias y conversaciones que habían sobre el tema. No le guiaba, y eso sería coherente con su forma de pensar, ninguno de los supuestos que a veces le achacaban, como si ello acaso fuera motivo para descalificarle o, lo que era peor, acusarlo de vanidad y de un orgullo que en nada se justificaba; tal vez, sólo fueran excesos de protección. Es verdad, en todo caso, que nunca recibió ánimos para cumplir su más cara ambición, estar allí. Situarse entre los miles de compañeros dispuestos a alcanzar la meta, por la que se habían preparado durante todo un año, soportando el fríos de las mañanas, agitando el descanso necesario, pensando en el laurel prometido, que no se trataba de otro precio, ni siquiera el pago en metálico, - que también, o el trofeo dorado siempre perseguido. Era urgente para el dar testimonio de su compromiso con la verdad y la paz, y dar testimonio de sus convicciones, una sociedad en libertad, sin miedos ante la extorsión y el terror, y dar con su presencia un ejemplo notable de que nadie ni nada podrá acabar con la generosidad y el amor por todos. Por eso iría allí, a la próxima carrera, al cercano Maratón, a pesar del terrible suceso que envolvió las calles de Boston aquel medio día de abril.

UN PARTIDO DE TENIS

Fui a ver el partido de tenis, aquel mismo jueves. Me lo había pedido Tony, un excelente amigo con el que yo compartía muchas de las cosas más importantes de la vida, cosas así como el afán del trabajo, valorar la amistad, extremar el respeto y la honestidad y algo tan esencial como respetarse a sí mismo o tener un afán de superación que, como se dice vulgarmente, sería a prueba de todo. Había quedado en aparecer por el estadio a poco de empezar el encuentro deportivo, de manera que cuando llegué, Tony estaba en plena actividad, y a mí me pareció una estampa insuperable. Seguro en la pista, repartiendo los mejores golpes técnicos, el revés, el mate, los listados, que demostraban su calidad y sonriendo – en cuanto me divisó en las gradas, cambió su cara pareciendo prácticamente invencible. No había duda de que había superado todos los obstáculos que le proporcionaba aquel desafío que él aceptó, aun con todas las adversas circunstancias que por lógi8ca se le podían presentar, dificultades en su moral y en su físico, carencias de movilidad y autonomía, alguna que otra tara por dentro y por fuera, pero a mi me daba una imagen de victoria, de triunfo por mucho que el resultado todavía fuera incierto. Tony, estoy seguro, contaba con todo ello, con esta realidad que yo sentía como propia, como esencialmente mía. Lo miré

cuando el asestaba un golpe maestro llevando su pe-
lota hasta la raya de fondo y entonces, dando un grito
de alegría, mostraba al aire su único brazo... Tony era
manco de nacimiento.

MUY CERCA

Todos conocían a la muchacha que vivía al final de la calle, en el barrio de Cruces; sentían hacia ella una cercanía que en nada correspondía con el clima de convivencia que reinaba en aquella parte de la ciudad, siempre inhóspita y fría como cualquier otra en cualquier país, ser extranjera en aquel lugar nunca fue la mejor circunstancia La verdad es que casi nadie de por allí sabía su nombre, la conocían como la Morena, sin duda a causa del tono oscuro que brillaba en su piel como tostada por algún sol de desierto africano. Tampoco hacía falta saberlo, porque ella era un ejemplo de convivencia, y seguro que gozaba de la atención de sus vecinos por muy diferente que fuera su aspecto; parecía también que su pobreza, la precariedad con que vivía, no importaba demasiado y acaso fuera una razón más para lque a muchacha fuera sinceramente aceptada. La muchacha de piel tostada tenía con todos un trato tan natural y sincero que se había granjeado el reconocimiento incluso de los más refractarios. Sus amigos y amigas, de toda clase y condición, mayores o jóvenes, la trataron siempre con la más alta generosidad y consideración; aún más, ella tenía el afecto de todos. Quizá por ello, en el barrio sabían que hoy era su cumpleaños, y los más cercanos a ella, querían ofrecerle un regalo sencillo, modesto, peo suficientemente notable para que La Morena, recordara su día, aunque habría que decir que aquellas gentes eran tan pobres como ella misma. Sin embargo no se sintieron fuera de sitio, al contrario, luego de meditarlo muy bien, fueron en grupo compacto y decidido a ofrecerle lo mejor y tal vez lo único que podían ofrecer, Solamente le regalaron una cosa: su amistad. Era lo más valioso que encontraron. Y era bastante.

BUEN DÍA, PRIMAVERA

Genaro había asistido a una lectura poética organizada por un grupo literario de la ciudad. El ambiente que encontró al entrar en la sala donde se realizaría el acto fue en verdad emotivo, porque allí pudo saludar a amigos y aficionados a la poesía, a la música y la pintura; el salón lucía una media luz agradable y una melodía muy sutil y suave se extendía por el espacioso local. Pronto empezó la sesión que iba a programarse con la proyección de un vídeo dedicado a la obra de un joven pintor, como motivo para la lectura de unas poesía de diversos autores, especialmente escritas para las pinturas que se veían en la pantalla preparada al efecto. Fueron como cinco o seis poetas los que leyeron sus versos, en una actuación medida, preparada y ajustada al tema de los cuadros; el río, y la profunda complejidad de sus aguas, de sus riberas, de la flora engendrada por un caudal que brillaba como plata en el paisaje. Y no obstante, había un tono general en los poemas escuchados, lleno de un aroma de tristeza, rebosando a nuestro parecer, humores de amargura, sabor de mera nostalgia, de forma que todo parecía envuelto en un halo de dolorosa presencia;. Pero el río y la poesía, daban allí un tono gris y tristón y yo quise reivindicar para siempre, o casi, la alegría de la poesía que promete, la fuerza del verso en primavera, porque después de todo, la poesía podía ser el estallido abierto y alegre de la vida.

SIN NOTICIAS

La verdad es que nadie se dio cuenta desde donde cayó el cuerpo. Unos dijeron y hasta lo juraban que fue desde la planta novena o décima, otros en cambio, dijeron a los primeros que se acercaron movidos por la curiosidad, o el morbo, que todo hay que decirlo, que sería, lo más posible desde un cuarto piso, aunque para el caso esto no era sino una conversación superficial y torpe ante le hecho luctuoso de una persona estrellada contra el asfalto sin saber ni causas ni razones que explicaran el suceso. Allí se debatió, en discusiones bizantinas, si el hombre muerto en mitad de la calle, se habría suicidado, si fue empujado o como algunos decían- los más juiciosos, sin duda, -, solo era el resultado de un trágico accidente. Lo cierto es que nadie de por allí lo conocía; alguien dijo en un momento, que la víctima vivía en aquel edificio pero que tenía muy poca comunicación con los vecinos del barrio. Sin embargo, un anciano, que tenía su vivienda justo enfrente, quiso afirmar delante de todos, que Amador (que así se llamaba), le había comentado días antes, que se sentía muy triste. "Me ha sobrevenido una profunda depresión de la que no sé si podré salir" le confesó. Al anciano le extrañó lo que le contaba porque su vida era aparentemente fácil, tenía un buen trabajo y un excelente sueldo; había también dos hijos pequeños que según él eran dos ángeles rubios y soñadores. Amador era muy reconocido en las élites de la ciudad, escribía, hacía versos, pero siempre demostrando una tristeza y una soledad que no se entendía. De forma que cuando el anciano sacó una carta de su bolsillo y la dio a leer, todo el mundo se conmovió con el mensaje de la breve cuartilla. Fue el mismo anciano quién leyó, eso sí, con voz trémula, solo una frase: "Marta, mi mujer, me ha abandonado y se ha llevado a nuestros hijos. Para mí todo ha terminado". ...Y la gente que hacía corro al rededor del cuerpo sin vida, en la calle, empezó a disgregarse .por las cuatro esquinas del barrio. De la viuda, nunca jamás se supo nada.

EL ESCRITOR

Siempre había querido ser escritor; y claro, recordaba sus primeras páginas en las que con una prosa evidentemente por mejorar, ya se atrevía a describir historias inventadas, cuentos imaginados, artículos sobre personajes conocidos. La vocación le había surgido desde sus años de adolescente, guiado quizá por los responsables de la organización juvenil en la que se afilió, movido sin duda por el clima literario y poético que encontró en sus actividades- De ahí hasta hoy, después de haber pasado por un camino de formación que incluía su licenciatura en historia, su entrada en varias asociaciones de escritores así como su dedicación a la lectura y a la creatividad en la novela o en el verso. Empezó a recibir parabienes y juicios altamente positivos y muy pronto su nombre empezó a conocerse entre los escritores consagrados, de los periodistas y críticos literarios, razón más que suficiente para que los caza talentos políticos, quisieran incorporarlo rápidamente a sus planes e intereses partidarios. Sin embargo su resistencia a figurar como un apoyo intelectual a cualquiera de los partidos existentes y su negativa a dejar su firma en los programas doctrinales, sociales o meramente políticos no entró nunca en sus cálculos y así permaneció años, mientras que su calidad como escritor ganaba espacio y tiempo. Fue al final de una intensa persecución para entrar en ese mundo, cuando accedió a formar parte – sólo para ayudar a la redacción de alguna propuesta-, del núcleo de un partido concreto y eso, como contrapartida a tener una neta responsabilidad solo intelectual "Dijo, esto sí, esto no". Y lo admitieron, pero de palabra. Y vinieron las diferencias, los desencuentros, las incompatibilidades, de modo que él, al cabo de un instante, se encontró abandonado por todos, encargado en soledad a redactar primarios mensajes de propaganda. No hubo un auténtico programa para re vitalizar al escritor, al poeta, al analista, de modo que su ´último escrito se redujo a unas cuantas líneas en la se pudo leer: "No soy vuestro Agit-prop". Y se fue definitivamente Había ganado la libertad.

YACO, EL PERRO

Yaco, el perro pastor alemán, recorrió una distancia de doce kilómetros, para llegar de la casa de campo en donde lo dejaron sus dueños, a fin de evitar una disputa vecinal por sus infrecuentes pero evidentes repeticiones, y ver si allí, con la serenidad del campo y la soledad del espacio alrededor, Yaco, el perro, entendía que su convivencia con los humanos tenía que pasar necesariamente por una mejor conducta. Estoy seguro, aclaraba su dueño-, que si el pudiera expresar sus sentimientos con palabras, porque biológicamente lo sabría, diría que su comportamiento siempre era noble y que si alguna vez erraba, lo sería más por su excesiva juventud, sólo tenía 7 meses, que por una perversa actitud canina. En absoluto, pero la verdad, a nadie le apetecía que por demasiada comprensión y cariño a su animal, se viera sujeto a un cúmulo de denuncia y hasta de querellas en el juzgado. Tal vez mereciera la pena el luchar en estas lides, porque Yaco era la imagen del perro fiel, obediente, adiestrado y cariñoso, y sin embargo ya había habido algunos episodios para olvidar. Lo que pasa, no obstante, es que Yaco era y es más leal que la mayoría de las personas que vivían en su entorno y naturalmente, se ponía a su lado antes que enfrentarse, actitud que seguro le habría supuesto al noble perro una situación de melancolía imprescindible de explicar, pero ciertos. Así que, optó por dejarlo en la casa de campo, dentro de una estructura de rejas metálicas imposibles, pensaba, de que Yaco la pudiera salvar. Gran equivocación, porque en estos casos, de nostalgia y recuerdo, los animales se comportan mucho mejor que cualquier persona, hombre o mujer, y es que normalmente, en los perros como Yaco, que además presumía de "pedigrí", su fidelidad estaba a prueba de todo, y a pesar de la distancia, de la mala alimentación, de la intemperie siempre adversa, la llamada o el instinto de su buena raza, le hizo salvar todas las dificultades y se plantó en la casa familiar, una madrugada de otoño. Solo emitió un ladrido discreto, reconocible, y su dueño salió al instante don lágrimas en los ojos. Yaco había regresado. Y era todo un símbolo.

LA HABÍAN VISTO

La calle era un hervidero en la ciudad. Acababan de dar las doce y media de la mañana y todo parecía repleto de gentes que caminaban hacia cualquier sitio, de compras, de puro paseo de distracción, de prisas por el trabajo. La calle de los Poetas parecía un hormiguero con sus ruidos, un tráfico que atontaba con los coches, los tranvías, o el autobús que con una cadencia de cinco minutos, atascaba el difícil caminar de toda clase de personas en dirección a alguna parte. La calle de los poetas se ubicaba en un sector dedicado casi exclusivamente al comercio pequeño, tiendas especializadas que mantenían sus puertas completamente abiertas, con sus escaparates llenos de artículos y materiales de regalo que atraían a innumerables personas de toda clase y condición de tal manera que abarrotaban las aceras, invadían el asfalto en una ir y venir sin orden ni concierto. Allí estaba María, una mujer joven, de elegante vestido y unos zapatos con tacones imposibles, quien en un momento, se vio empujada hasta el centro de la vía urbana absolutamente colapsada por un tráfico desordenado y peligros. Ella no se dio cuenta, y de pronto se encontró tendida en medio de la calle, sin tempo a reaccionar, no podía ni moverse ni se podía levantar, cuando sintió un golpe irreversible y doloroso. No supo que pasaría después porque perdió el conocimiento, eso sí, antes de que su conciencia se desvaneciera, pudo notar que nadie la atendía, que la gente pasaba por su lado, que la miraba, incluso alguien se acercó un poco al ver su sangre, que manaba caliente, casi a borbones, mientras nadie hizo el menor gesto para atenderla, para recogerla, para salvarla de una situación irreversible.. No sabe si murió, pero la ciudad proseguía su perverso tráfago sin que hubiera una señal de socorro.

NO HABÍA NOTICIA

La sala de redacción del "AQUÍ", el periódico semanal de la ciudad, aparecía repleta de compañeros en plena tarea de cierre editorial que tal como se acostumbraba tendría lugar en un par de horas. La gente estaba nerviosa, sobre todo el redactor jefe, porque hasta entonces la portada y el reportaje `principal todavía no se había confeccionada. Simplemente, porque no llegó la noticia suficientemente importante, periodística, que necesitaba el periodista para su primera plana." No hay noticia" exclamaba todo airado. Y en seguida continuaba sus lamentos explicando que con lo que tenía sobre la mesa no podía abrir la tirada de hoy... "¡Eso no interesa a nadie¡" gritaba-. "¡Vaya una cabecera para nuestro periódico!" Desde luego había repasado los titulares que sus compañeros le dejaban y la mirada que mostraba era tan agresiva como decepcionada, por más que por experiencia sabía que esas cosas no vienen espontáneamente, sino del esfuerzo y trabajo de todos. "¡Habéis equivocado el asunto" decía, nadie quiere saber si un vecino ha liberado del ascensor a un anciano, y mucho menos van a interesarse por una feligresa que ha donado un lienzo antiguo a la Iglesia de su barrio, no, la gente exige otra serie de cosas, como por ejemplo, si la manifestación de ayer hubo heridos o muertos, o encarcelados. Lo demás no existe. Sandra la chica recién licenciada en Ciencias de la Información... se atrevió a decir que también aquellos titulares podrían sustituir, aunque solo fuera por unas pocas fechas, a las repetidas informaciones mono-temáticas de todos los días. Por una vez, casi rogaba, publiquemos una noticia basada en lo mejor de los seres humanos, en los valores de las gentes, en la bondad que todavía nos queda, explicaba a los demás. El redactor jefe, responsable de sacar el periódico, la miró de arriba abajo desde su rostro viejo y macilento y dijo: ¡Que ingenua eres, Sandra, eso no será noticia jamás¡ Y se fue exigiendo sangre, sudor y lágrimas para la portada de su periódico. "Aquí", abría su publicación con este titular: "Un adolescente se tira de tira desde el 5º piso. Murió al instante".

OCURRIÓ

El artefacto, la bomba o lo que fuera, había estallado a las seis en punto de aquella madrugada. Como casi siempre pasaba, nadie en los primeros momentos de la explosión sabía muy bien cuantas víctimas habían habido, y quién pudo reivindicar, y no gustaba esa palabra, lea acción tan miserable como trágica, al contrario, pronto aparecieron los rumores más insospechados y contradictorios que pudieran oírse, desde que fue un atentado típica etarra,, que era una golpe comunista o filo comunista y, por supuesto, que todo era obra de un comando nazi, residuo intemporal de los fascismos que todavía subsistían en el país. Desde luego quien recogía estos comentarios, que más parecían rutinas de las comadres del barrio, no tardó mucho en asignar tamaña tragedia a un grupo de jóvenes, adolescentes en su mayoría, que vivaqueaban en un campamento de fortuna a unos poco kilómetros de allí; claro que no se pudo justificar nunca la autoría del suceso, pero nadie del pensamiento correcto, es decir la burguesía de derecha e izquierda, debía de dejar pasar esta oportunidad para descargar sus prejuicios contra él, por otra parte, enemigo perfecto. Así que sin mucha más reflexiones, se conocían la instrucción, el aviso o la orden de detener a los dos jóvenes responsables de la acampada cercana… Cuando llegó la policía solo observaron una bandera española al viento, un trozo de tela azul y un letrero de piedras colocadas en la ladera de la sierra donde se ubicaba la acampada, y en el aire se podía oír, como fondo a un ambiente de tenue amanecer que decía Arriba España. Naturalmente esto fue causa suficiente, tal como se contó después, para que aquellos jóvenes llevando un león rampante sobre un bolsillo de su camisa y unas flechas en blanco, para comunicarles oficialmente que estaban sujetos a una detención por presunta ejecución de un plan contra la seguridad del Estado.., Nadie en todo aquel asunto había dado alguna explicación, Y los llevaron.

SENDEROS

Estábamos sentados en una mesita-velador, en la terraza acotada de un café de la calle Ribera, en la gran ciudad. Nos reuníamos allí un día a la semana generalmente lo lunes por la tarde, de seis a siete, simplemente como una excusa para el encuentro de dos amigos amparados eso sí, por una afinidad de sentimientos y de sensibilidades que, siempre o casi, pasaban por los complejos universos de la artes, de la literatura o de la música y el cine, en las que la veces los temas a conversar adquirían altos niveles de discusión y contraste. También, hay que decirlo, .nos dejábamos ir por las más extrañas sensaciones con las que nos veíamos completamente identificados, eran quizá cosas que otros no hubieran señalado, pero que a nosotros nos resultaban tan imprescindibles como el agua en los campos… En ese tiempo de café y conversación acudían los asuntos más profundos de la vida, de la familia, del trabajo, y desde luego de nuestra propia situación como personas. Nos preguntábamos, cómo no, que sería aquello que con más fuerza influía en nuestra particular idiosincrasia, o qué senderos o aventuras harían que aflorasen en toda su verdad, la nostalgia y la memoria, a la sensibilidad, y la emoción; nos decíamos qué sería aquello que nos llevase a un clima último de emoción, hoy, en este tiempo iconoclasta y torpemente materialista,

Así me vino al recuerdo las imágenes de un film evocador y dramático, unos fotogramas que nos hicieron llorar por la verdad del momento, por lo hondo de su significado, por la solidaridad mostrada y la angustia compartida, todo un mundo de sentimientos que yo reviví con la proyección de la película "Senderos de Gloria"; dirigida por el americano Stalney Kubrik que me inundó el alma de lágrimas y de conciencia. Entonces aprendí lo que era sentir embargado el corazón, que nunca como ahora, quiso ser tan íntimo y noble como una patena de Iglesia... Aquellas escenas finales del barracón cuartelero con la muchacha alemana cantando débilmente a los rudos soldados franceses, mientras esperaban volver a las trincheras, supuso un golpe interior de irreversible impacto. Recordar aquella película, nos llamó entonces, a sincera oración por los hombres todos. Kirk Douglas, sobrio y auténtico, se convirtió en nuestro héroe; Kubrirk en un profeta de otros tiempos.

MATRIMONIO

Eran cosa de otros tiempos. La gentes, sus vecinos, no podían creer que Juan y María, vivieran juntos casi cuarenta y cinco años quizá porque por allí, esa fidelidad entre los dos sonaba a algo extraño, insólito en la sociedad que los rodeaba, y sin embargo formaban un matrimonio dispuestos a celebrar sus Bodas de Oro, seguramente una fiesta que ya nadie en el pueblo recordaba porque difícilmente hoy, duraban más de tres o cuatro años. Los dos, desde luego, eran ya mayores, pero la sinceridad de su convivencia no tenía para ellos ningún mérito, habían aprendido de sus padres, de sus casas, el valor irreductible de amarse para siempre, no solo porque estaban enamorados, sino porque desde siempre sabían que casarse, tal como se entendía en su tradición era, no solo un contrato civil, sino también, y esto era lo que importaba, la expresión de sus convicciones morales y éticas a tenor de lo que ellos consideraron siempre. Esto, decían ellos, es una historia que hoy no vende bien, o tal vez no interese a nadie, y a lo mejor por ello, Juan y María vivían lejos de cualquier presión social, como se dice ahora, para dar testimonio de su amor imperecedero que estaría por encima de cualquier contingencia mundana… Ya sabía el longevo matrimonio de las sonrisas despertadas, pero estaban decididos a continuar siendo lo que eran, un matrimonio, la unión enamorada de un hombre y una mujer.

LA LLAMADA

Llamaron a la puerta de su casa a las dos de la madrugada y Diego, que estaba despierto por culpa de su vocación de escritor aficionado, autor de varias obras en prosa y algún que otro poemario, pudo oír perfectamente pronunciar su nombre y gritar varias veces las palabra malditas, ¡Diego Peralba, la policía! y, aunque no entendía muy bien la razón de estas urgencias de la policía, se levantó de la mesa donde estaba escribiendo unos versos y fue a dejar paso libre a los agentes. Iba dirigidos por un teniente, según acreditó mostrando una especie de carnet, vestido de paisano. A Diego no le dio tiempo a preguntar el porqué de tan imprevista visita, ya que el policía, ayudado por el grupo que le acompañaba, le puso unas esposas en las muñecas, brazos a la espalda inmediatamente– algo que todavía sorprendió mucho más a Diego por la rigidez del apresamiento-, y tras anunciarle que estaba detenido, lo llevaron hasta un coche aparcado en la calle, y se perdieron camino de la comisaría. Diego, la verdad no salía de su asombro, y de su indignación, pues sin saber por qué, se encontraba prácticamente acusado y condenado. Quiso preguntar que ocurría, cuales las causas de su detención, pero solo obtuvo un silencio ominoso; Al final, casi llegando, y ante su constante insistencia el sargento, escueto, le dijo que habían recibido un aviso, anónimo, claro, en el que se le acusaba de pertenecer a una célula muy violenta, o terrorista, que ya era suficiente razón para ir a detenerlo. Naturalmente quedó anonadado, ¿terrorista? .No podía creer en tan extraña acusación, y ya, ante el juez, no pudo menos que expresar su crítica más dura a lo que él creyó una conspiración contra su libertad ¿pero qué he hecho? Inquirió con rabia. Hubo un bree silencio, que rompió el juez con una frase lapidaria, ¡Es que su discurso no es políticamente correcto! Y allí acabó todo.

HUIDA

Aquella mañana en la casa se observaba una enorme confusión en las personas que habitaban allí; se oían voces sin destino, palabras carentes de sentido, cruces de objeciones entre unos y otros miembros de la familia, pasos urgentes e indecisos de la sala a la cocina, del comedor al dormitorio, mientras el que parecía causante de aquel revuelo, Pedro, el hijo menor del matrimonio Roca, se mantenía impávido exhalando anillos del humo de un cigarrillo de tabaco negro que apretaba en sus labios. El mismo Pedro creía que la situación que se había suscitado en su casa, no era culpa suya, sino acaso, derivada de la triste realidad por la que el mismo, y millones de jóvenes como él venían sufriendo en razón de una perversa crisis económica, social, también moral, que atravesaba todo el país. Cierto que Pedro había exclamado en voz alta, y con especial intención a sus padre, que no era la causa de nada, y solo era una víctima más en ese proceso de descomposición total que se había instalado en la sociedad actual aunque, no es menos cierto que nadie parecía poder revertir la crudeza del momento. De ahí que Pedro, en un rasgo de sinceridad, chillara a diestro y siniestro, lo que había decidido hacer casi inmediatamente y estaba seguro de que no gustaría a su familia. Eso fue lo que sucedió… Solo dijo, "¡Me voy de casa!"

SONRISAS

Normalmente Luis y Rosa no eran personas de carácter abierto o extrovertido, y ahora menos, según confesaban, que estaban sufriendo en sus propias carnes una situación excepcionalmente dura y que se extendía a casi todas las facetas de su andar por esta sociedad hoy quebrada... Digamos que el paisaje social en estos tiempos, no ayudaba nada a procurar la menor sonrisa en sus caras; Luis, por ejemplo, acababa de recibir la notificación de que su currículo profesional no había sido suficiente para lograr un trabajo en una empresa de servicios de aguas en la ciudad, algo que desde su titulación universitaria, como licenciado en matemáticas, creía estar en inmejorable posición; la triste realidad era que Luis, su carrera universitaria y su madurez, 30 años le contemplaban, fue al parecer un insuperable obstáculo imposible de prever. Luis continuó sin vida laboral, y esto junto a que su novia Rosa, había quedado en paro tras el cierre de su empresa, una cafetería de probada rentabilidad hasta la llegada de la crisis, supuso un auténtico golpe a su inveterado optimismo, a su sempiterna confianza en el mundo todo, y a su encendida defensa de la calidad y solidaridad humana de esta sociedad tan golpeada. No, no estaban los tiempos para demostrar ninguna alegría (que sería ficticia), para formular frases de contento, para aparecer como personas que hubieran encontrado la solución a sus problemas. La verdad es que se sentían tristes y, como ellos aseguraron, absolutamente estafados. Y sin embargo aquella mañana, Luis y Rosa, cogidos de la mano, pasaron por la capilla de una ermita, y sin saber cómo, miraron hacia dentro y la vez, sin previo acuerdo, esbozaron una sonrisa magnífica, maravillosa... De nuevo creyeron en la verdad.

PAISAJE

Había pasado por allí cientos, o miles de veces. Conocía el entono como si fuera el pasillo de su casa, y todo el paisaje que vislumbraba desde el pretil del puente, lo sentía dentro de sí mismo, como el olor que se desprendía de la floresta inmensa que se extendía a una y otra orilla del río. Las ramas ahora verdes de los melocotones exhalando sus perfumes, y más allá, la flor del albaricoquero, la tierra que aparecía verde a fuerza de un color exigente de verduras, el horizonte de frutas en busca de su cuajo, y al fondo una línea de oteros y cimas que se elevaban de forma paulatina hasta alcanzar cotas de alturas y picos de montañas guardando desde su altura un cielo azul sobre un bosque de pinos mediterráneos. Era el paisaje conocido, la estampa impresa desde nuestros años más jóvenes: la huerta como antesala de la cercana serranía, llena de leyendas y de misterios que las gentes de aquí narraban en siglos y siglos. Miró, apoyado en la baranda de una pasarela primitiva, el suelo que aparecía una secuencia de colores vívidos en todo de cromatismo, un amarillo a lo Van Gogh, un azul casi picassiano, ese verde de girasoles en sazón, la blancura de las amapolas, y un tenue sabor a húmedo y a cañas recién cortadas. Era el paisaje de mi lugar, de mi niñez,; era mi geografía, .a la que quizá no la hubiera valorado nunca, al menos, como se merecía.

EL HÉROE

Eran las once de la mañana del domingo dos de junio, cuando un reluciente coche apareció en la gran plaza de la ciudad de Mesina, completamente abarrotada por miles de personas que esperaban desde la madrugada, la llegada del protagonista de tan increíble espectáculo. Al ser fiesta, la presencia de toda aquella gente era algo normal, nadie trabajaba y las autoridades habían organizado un enorme despliegue de actos en honor del ilustre paisano. La noticia había corrido como la pólvora por calles y avenidas desde muchas horas antes y todos sin excepción, la habían recibido con la expectación de un extraordinario acontecimiento que se ofrecía no solo a los vecinos de Mesina, sino a las gentes de la comarca que llamados por la curiosidad, acudieron en masa al día siguiente para recibir como si fuera un verdadero héroe, al hombre del automóvil descubierto. Se hablaba del protagonista de aquella concentración en un tono de histérica admiración, se oían gritos de exaltación personal, y las frases de loa y reconocimiento rebotaban por los muros de la plaza. "Es único" "¡El más grande!" "Hombres como tú sois imprescindibles", entre otras palabras absolutamente gratas. Muchas mujeres, jóvenes y no tanto, arrojaban flores como a un nuevo Mesías; unas chicas casi adolescentes le pidieron hasta un beso. Un asistente no pudo contener su emoción y a todo pulmón chilló "¡Te nombraremos hijo predilecto!" A lo que otro espectador, absolutamente embobado por la imagen del personaje, de pie en el coche y con los brazos levantados como acunando a su pueblo, participaba de ese sentimiento general inconsciente pero evidentemente cierto, aquello de ¡Qué grande eres! Un forastero que andaba allí por casualidad, pensó en la categoría de aquel hombre, en la trascendencia de su aportación a la ciencia, a las artes, o a la medicina; quizá había sido el descubridor de una vacuna contra el cáncer, o algo similar, de manera que se acercó a uno de los que con más fuerza aplaudían al héroe, y le preguntó eso sí con mucha discreción, quién era ese individuo tan homenajeado, y su respuesta fue escalofriante: Es el nuevo delantero del equipo de fútbol.

EDADES

La señora Sonia había cumplido sus ochenta y un años con un excelente estado de salud, que hasta le proporcionaba con nitidez un color arrebolado que la hacía parecer muchos años más joven. Según decían todos sus amigos y convecinos tenía una memoria envidiables, mantenía una conversación amena y erudita y estaba considerada por, digamos, las élites de la ciudad, como una mente privilegiada capaz de las empresas intelectuales más insospechadas. Entendía de arte, de sociología o de puras matemáticas y claro, era solicitada en innumerable proyectos de la comunidad...Sonia ofrecía en su casa, varios diplomas y título académicos y algún que otro diploma de reconocimiento a una obra fructífera y extensa hecha a lo largo de toda una vida... Sonia era un referente para una gran cantidad de personas que, aun sabiendo lo avanzado de su edad, contaban con ella, con su experiencia, con su enorme acervo cultural... Todo allí, le expresaban su admiración; bueno, todos no, porque aquel día en que asistió a una reunión informal, sí, pero auspiciada por el gobierno local, alguien de la mesa que presidía el acto y ante una propuesta de Sonia sobre un ciclo cultural a preparar, bajó la cabeza, simuló una reflexión por lo escuchado, e inmediatamente, sin venir cuento, dijo aquello de "Lo siento pero usted no vive la realidad de este momento, porque usted, no se ofenda, es ya muy mayor"... Lo malo de esto es que nadie protestaría ante ese injusto e hipócrita juicio. La misma gente que la admiraba en privado, se hundió en un silencio imperdonable. Y Sonia, bebió sus lágrimas a los ochenta y un años; no fue aceptada porque según el discurso correcto, era vieja.

UN ELEGIDO

Miles de personas creyeron en él. No sabían dar explicación alguna a este sentimiento, y parecía más una impresión automática, instintiva, que un proceso de juicio sereno y racional. El rumor popular era que habían sido elegidos por alguien superior a ellos, que conocían sus virtudes y sus capacidades, por las que habían conseguido ser aceptados como guías espirituales, como líderes perfectamente situados al frente de una sociedad demasiada ingenua o simplemente, deformada por presiones sociales, por indicaciones del poder económico, o por sugerencias de grupos muy estructurados y desarrollados con fines especialmente organizados para imponer doctrinas y criterios. Eran los elegidos. Una clase de hombre y mujeres que, amparados en la fuerza de sus organizaciones, en la fuerza del dinero que manejaban, parecía vivir en un espacio-tiempo muy distinto a los demás mortales. Los elegidos no tenían por qué dar explicaciones de nada, ni presentar cuentas, ni justificar ninguno de sus actos públicos o privados. Esto parecía lo normal en aquella comunidad, si bien pequeña, lo suficientemente establecida para imponer una norma y una conducta. Los elegidos, podían desde su altura social impuesta con toda clase de artes, dejar caer su mirada como si de una estampa seudo-divina, aliviara o perjudicara a esos ciudadanos sencillos, humildes de obras y pensamiento, quizá con el único fin de perpetuarse en el poder. Fue así, cuando alguien se atrevió a meditar en su situación que se levantó como Hércules clásico, y acabó con el mito de los elegidos; a partir de entonces, la razón y la libertad se instalaron definitivamente en el alma de las gentes.

UNA SITUACIÓN ESPECIAL

Con toda seguridad era una de los matrimonios más pobres de los que se conocían en el pueblo; los dos cónyuges procedían de familias tan humildes que, fuera de la vieja casa heredada de sus padres, no tenían absolutamente ninguna propiedad digna de tener un valor mínimo, traducido eso sí, a la secular tasación del dinero. La muchacha, que no era sino una trabajadora de la cooperativa, en paro, apenas llevaba al domicilio una aportación que no llegaba ni para pagar los recibos de luz y agua, y el marido, un profesor sin título y sin aula, paseaba su miseria por parques y plazas de la ciudad, hablando a unos y otros, jugando con algunos niños, parias como él, que saltándose su asistencia a clase, de manera anónima, claro, iban a encontrarse con el hombre de barba muy negra y pelo desordenado y largo, que les contaba relatos de princesas y caballeros venidos en corceles completamente blancos... Las personas que pasaban cerca de ellos, se extrañaban de la presencia del junto al hombre de las barbas, que día tras días, reunía a un grupo cada vez mayor, para viajar etéreamente por los espacios del sueño y la fantasía... "¿Y hoy, dónde vamos?", preguntó un muchacho de cara rubicunda y ojos azules. "No temas" fue la respuesta, hoy volaremos hacia un lugar donde están la amapola roja y el nardo blanquísimo, que existen quietas sin necesidad alguna, solo bajo el rocío de la mañana que las mantengan tersas. Un vecino que pudo escuchar esta contestación, quiso saber quién era ese hombre de aspecto desarrapado, con vestido de jirones, de calzado destrozado y se acercó un instante hacia el niño más cercano, con mucho tacto, discretamente, y le preguntó en voz baja, que decía y quién era el hombre que los atraía de ese modo. El muchacho, ocho años le contemplaban, solo dijo: "No lo sabe, es un pobre. Es un poeta". Y regresó a su sitio junto al desheredado.

CARA OCULTA

Se habían conocido dos años antes, que era un tiempo en el que era posible, si no seguro, el que cada uno de los dos amigos, se conocen perfectamente; sí que es cierto que a una persona, como dicen los viejos del lugar, no se termina nunca de conocer, pero esto es más bien una leyenda que una realidad, porque si somos conscientes, la convivencia con cualquier persona, normal, lógicamente, da suficientes razones como para conocerse mutuamente. El nombre de uno de ellos era Francisco, aunque todos le llamaban Bogart, por la admiración que manifestaba siempre por eso actor americano; el otro se llamaba Teodoro, Teo, para los amigos, y se distinguía por una exultante ingenuidad, que además fue utilizada por su amigo, de manera perversa, ya que durante todo el tiempo que se trataban, Bogart, había dado siempre la imagen de una persona sencilla, honesta, inteligente de verdad y, por supuesto, presto a ayudar a quien lo necesitara. "Es mi mejor amigo" solía decir Theodor. Creía, sinceramente, que su amigo hablaba con el corazón cuando le ofrecía amistad, compañía, coincidencia en hechos o en sueños, y era cierto que durante ese tiempo, nunca pudo sospechar ninguna mentira en su comportamiento; todo era humanidad, sentido del deber y del trabajo, solidaridad. Teodoro, siempre lo imaginó como una de las personas más excepcionales que había conocido. Así que un día, cuando en su casa le contaron un relato bien distinto, sus padres tenían otra impresión, no lo podía creer. Negaba cualquier juicio negativo, toda maledicencia, y fue solo hace unos días, cuando, abriendo un Facebook, lo vio en una tarde oscura y lluviosa, exhibiendo una bolsa de marihuana. A su lado, un adolescente de trece o catorce años, fumaba un porro.

LA SONRISA

Fue la primera vez que sentí la sonrisa de un niño. Antes, desde luego, había visto sonreír a muchos, yo era maestro, y además, un padre al uso, es decir, un cabeza de familia como Dios manda; matrimonio de Iglesia, y una pareja de hijos en esa edad maravillosa de los tres o cuatro años, y por qué no decirlo, un marido al viejo estilo... Así que todo cuanto de bueno me brindaba el mundo, lo interpretaba como una don que se me ofrecía sin pedir nada a cambio, y cosas tan sencillas como la lealtad entre las personas, la fidelidad a los principios e ideales de siempre, o la cara enternecedora de un bebé, me parecían la esencia de estar viviendo. A mí por ejemplo, me extasiaban los amaneceres, o las caídas llenas de cromatismo de las tardes de otoño, me impresionaban los vuelos de las aves sobre las cumbres verdosas de las sierras cercanas, y crecían en mis ojos lágrimas exultantes ante un beso de enamorados bajo la luz de un farol de esquina. Yo notaba la emoción que me producía un gesto tan breve como darse la mano, abierta y firme, y sentía como un cuadro muy bello, las pupilas brillantes de una niña de coletas a lo princesa. Traían sentimiento los saltos incontrolados y libres de unos muchachos jugando en la calle; o esa cara asombrada de un niño con ropas de pobre y hoyuelos en el rostro asiendo el pan ofrecido por un amigo. Late el corazón deprisa, alegre de emoción cuando veo a uno con una sonrisa. Ya sé que todo eso mueve a indiferencia, acaso a burla, pero yo lo siento como una imagen irrepetible y única en los días que vendrán. Para mí, no haya nada como la sonrisa de un niño.

CIELOS

Mariano y Luís se reunían todos los miércoles de todas las semanas, en el café "Luz", situado en una calle muy tranquila, porque era peatonal, siguiendo una vieja costumbre que habían adquirido cuando los dos estudiaban bachillerato, del plan 54, aquel de las dos reválidas y curso preuniversitario, que exigía mucho pero que ayudaba a creer en el esfuerzo y en el trabajo colegial. Se conocieron desde clases distintas, atraídos solo por su vocación literaria y sus apuntes como futuros y jóvenes escritores. Eran diferentes, uno alto, delgado y moreno; Mariano, pero Luis, por el contrario era la imagen del muchacho rubicundo, fuerte y ancho como un armario, pero siempre coincidían en alguna lectura de alguna novela programada, en los recitales de poesía, que ambos cuidaban en estar y en participar, y, naturalmente, a las conversaciones y tertulias que derivaban de su afición y que les convirtieron en compañeros casi inseparables, a lo largo de los años, precisamente, para hablar de lo divino y lo humano en torno a su afición favorita como fue siempre la literatura. Desde entonces, a Mariano y a Luis se les veía platicando, alrededor de una mesa con cafés. Los diálogos, según muchos, eran largos y con materia- como decían quienes sabían de su amistad. ;y algunos aseguraban que hablaban de todo, desde luego de la última novela aparecida, de los versos de una generación de poetas nuevos y acaso desplazados por su origen ideológico, y por qué no, de la justicia injusta, o de las tremendas acciones de un sistema económico que echaba agua por todas partes. ¡Filosofía, amigo. Filosofía! Quienes los conocían bien, o así lo afirmaban, se acercaban con las muecas mefistofélicas con envidia, claro, de la fidelidad a los encuentros en el café La Luz y esa apasionante costumbre de hablar, de dialogar, de conversar. Y eso era una verdad automática. Hasta tal punto que en una ocasión, lo dijo él mismo, Mariano llegó a preguntar a su amigo si esas conversaciones las podrían continuar en el Cielo. Parecía pregunta retórica, pero era algo que Mariano tenían siempre en su interior. "No lo sé". Respondió Luis. En el cielo que yo conozco, me parece que es imposible. Allí estamos, no me atrevo a decir que vivimos, en silencio, inmóviles, nada más que con una sonrisa ante el mismo Dios, pero no podemos hablar, Y a esto, Mariano, con expresión de profunda tristeza, inquiría si había otros cielos, donde pudieran mantener sus reuniones, al estilo del Café La Esquina, y seguir hablando; pero no hacía falta esperar respuestas, lo miró y entendió la realidad, entonces, luego de un suspiro, confeso: "Pies no sé si me interesa entrar en ese cielo". Pasó en tiempo, murieron los dos, pero nadie sabe si estaban sentados hablando de versos, de música, de poesía. ¿Es esto así?

SIMULACIÓN

Cayó desde un sexto piso o al menos eso dijeron algunos testigos que se presentaron a la policía, instantes después de ver estrellarse en el suelo a la mujer que, envuelta en sangre, yacía en una posición imposible. Completamente destrozada. Hubo quien en un alarde de observación, explicó a los agentes practicaban las diligencias del caso, que llegó a ver en el balcón corrido de la vivienda desde la que se desplomaba la víctima a un hombre, vestido solo con una bata, que abría los brazos en un gesto que no sabía explicar si era de afán por sujetar el cuerpo de la mujer o simplemente, cuando procedía a retirarlos dejándola en el vacío. En realidad, la gente que presenció aquel incidente no sabía nada de que había ocurrido y solo eran especulaciones, los juicios que a favor o en contra empezaron a circular entre los vecinos del barrio. Los vecinos, de la pareja dolorosamente protagonista, nunca dieron un relato comprobado acerca de la relación íntima que tuvieron, aunque eso sí, al parecer todos estaban de acuerdo en que jamás oyeron disturbios, peleas o graves desavenencia entre ellos. Al contrario, llegó a afirmar el portero del edificio, que de esto sabía bastante, parecía que mantenían una especie de "viaje de novios" permanente. El mismo, dijo aunque en voz baja, que muchas veces los vio tan enamorados que más daban la sensación de un matrimonio joven y feliz, que algo cercano a divorcio o separación. Y sin embargo, la mujer estaba en el asfalto de la calle, absolutamente inerte. Los ojos en extraña mirada y pupilas abiertas, la cara como anunciando una amargura que nadie esperaba. Acaso, una leve mueca, una boceto de sonrisa, que demostraría quizá un trato clarificador sobre ocultas lágrimas y escondidos sufrimientos. Pero esto, en los tiempos que vivimos, parecía algo normal y hasta permitido; el maltratador pocas veces se descubre a sí mismo, y convive entre nosotros paseando su criminal hipocresía. Hace falta que todos despertemos. Es hora.